AF356879

MUSIQUES BIZARRES

à l'Exposition de 1900

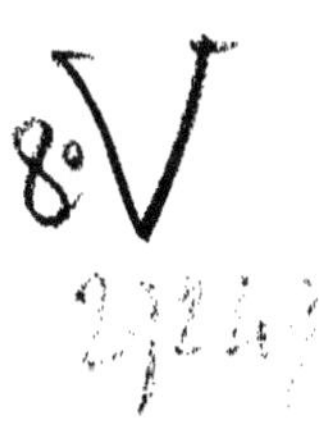

JUDITH GAUTIER

LES
MUSIQUES BIZARRES

A l'Exposition de 1900

DANSE JAVANAISE — DANSE DU DIABLE

TRANSCRITES

PAR

BENEDICTUS

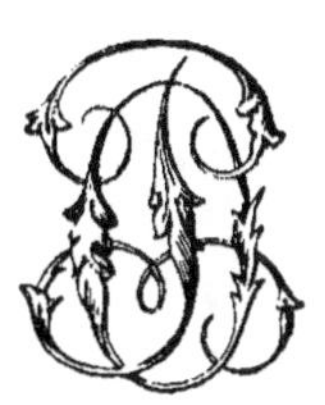

PARIS

SOCIÉTÉ D'ÉDITIONS LITTÉRAIRES ET ARTISTIQUES

Librairie Paul Ollendorff

50, CHAUSSÉE D'ANTIN, 50

1900

LES DANSEUSES JAVANAISES
ET LE GAMELAN-GOEDJIN

A la dernière Exposition universelle, en 1889, toute la ville fut véritablement éprise des danseuses javanaises, de ces hiératiques bayadères, échappées du harem, dont le sultan de Djogyakarta avait bien voulu entre-bâiller la porte, et qui évoluaient, mystérieuses et graves, dans cette cité, clôturée de paille, édifiée par la Hollande.

Le Tout-Paris artiste surtout ne se lassait pas du spectacle. On se retrouvait au Kampong javanais presque chaque jour, et on se saluait avec des sourires complices, on se serrait pour ajouter des places autour des petites tables, où la mousse des bocks se fanait, où des sorbets fondaient sous les cuillers distraites. Et à n'en plus finir, on écoutait l'insaisissable musique, on contemplait les étranges jeunes filles, frottées de safran, la danse mystique, ensorcelante, qui finissait par engourdir comme des passes magnétiques. Elle berçait l'esprit dans des voiles de rêve, traversé parfois comme de confuses réminiscences d'une vie antérieure, poignantes, presque douloureuses, à force d'être fugitives. Aussi, de tous les chefs-d'œuvre, de toutes les merveilles qui illustrèrent l'Exposition dernière, ce que le souvenir, avec l'illogisme de la passion, a gardé le plus fidèlement, c'est la vision bizarre et séduisante de ces frêles danseuses ; chacun y repense avec un peu de l'alanguissement que cause un regret d'amour. C'est la fleur grisante, au parfum tenace, conservée entre les feuillets de la mémoire, le fragile pétale qui survit, seul, au splendide été.

« Les bayadères de Java viendront-elles à l'Exposition de 1900 ?.... »

L'anxieuse question, tous la posent ; car c'est là le point important pour ces fidèles du souvenir.

Eh bien, la réponse est bonne : les Javanaises viendront ! les Javanaises sont venues !

Cela n'a pas été facile, cette fois-ci, de les obtenir. Le sultan de Solo, leur seigneur, ne voulait pas leur accorder la permission, de s'expatrier ; il n'a cédé qu'à grand'peine à des sollicitations réitérées.

Elles ont donc quitté l'île brûlante, non sans verser quelques larmes, et elles sont là, à présent un peu grelottantes et effarouchées, les gracieuses bayadères de Java. M. L. Lemmens, les a guidées et veille sur elles. Il les préserve de la nostalgie du pays, en leur parlant leur langue, en leur expliquant un peu tout cet inconnu qui les entoure.

C'est dans cet extraordinaire palais du Tour du Monde, au Panorama Animé, imaginé et réalisé, avec un si rare bonheur, par Louis Dumoulin, le jeune et célèbre peintre du Ministère de la Marine, que les Javanaises sont visibles.

Cette fois le décor ajoute encore au charme des étranges danseuses et on peut dire aussi qu'elles embellissent le paysage en lui donnant la réalité de la vie.

Bien que Java soit assez loin du Cambodge, la pagode d'Angkor est le fond qui convenait le mieux à ces jeunes femmes, si ressemblantes aux apsaras de pierre, sculptées par milliers, du haut en bas de l'immense temple ; car leur parenté avec l'Hindoustan brahmanique est de toute évidence. Elles sont musulmanes, peut-être, puisqu'elles appartiennent à un sultan ; mais leurs convictions secrètes ont des attaches plus lointaines. Elles sont persuadées, sans doute, comme beaucoup des habitants de Java, qu'elles descendent du Dieu Vichnou ; l'air de famille est indéniable ; avec leur carnation toute dorée par le soleil, leur visage, un peu large, aux longs yeux demi-clos, leur bouche épaisse au mystérieux sourire, elles rappellent étonnamment les images du Dieu.

Arvie, Attima, Hénoh, Alzar, Hensing : tels sont leurs noms, les aînées ont dix-huit ans, les plus jeunes, seize. Très graves avec des chuchotements discrets, elles se promènent dans l'illusion du paysage, attendant qu'on leur donne le signal de descendre au joli théâtre du rez-de-chaussée, où elles doivent danser. Elles s'y rendent en procession, et le public curieux les suit.

Là, sur la scène coquette, les instruments de l'orchestre sont rangés.

Cet orchestre, très bizarre pour nous, est extrêmement intéressant. C'est dans l'Hindoustan et en Chine, en Chine surtout qu'il faut chercher l'origine des instruments qui le composent, et de la musique qu'il joue, musique traditionnelle, qui a son point de départ dans de fabuleux lointains.

Il y a plusieurs sortes de *Gamelans* différemment composés (*gamelan* signifie orchestre ou plutôt exécution musicale). Celui qui est devant nous : le *Gamelan Goedjin* a cela de particulier qu'il ne contient ni instruments à vent, ni instruments à cordes ; sauf un *rébab*, sorte de violon à deux cordes, d'origine arabe et qui est là comme en fraude. Le gamelan est ainsi composé :

UN KROMONG

Régime de cloches ou de vases sonores, disposés sur deux rangs, dans un châssis de bois. Les sons clairs de cet instrument sont d'une justesse parfaite.

UN GAMBANG

Formé de plusieurs lames ou touches de bois sonore de longueurs graduées et placées sur une caisse de bois.

UN HÉNONG

Très semblable au gambang ; mais formé de touches en métal.

DEUX PENNEROS

Grands-gongs, suspendus à un cadre élégamment découpé et sculpté. Ces gongs sont formés d'une composition de cuivre, de zinc et d'étain, on les frappe avec un maillet recouvert de gomme élastique. Les sons qu'ils rendent sont d'une profondeur et d'une beauté de vibrations incomparables.

UN KEMPOEL

Petit gong.

UN GUENDANG

Tambour. Tous ces instruments sont frappés à l'aide de petits maillets ou de marteaux légers.

Une coïncidence très curieuse et qui n'est pas due au hasard, c'est que l'orchestre du célèbre Kouai, premier musicien de l'empereur Chùn, qui régnait sur la Chine il y a 4200 ans, et dont la description est donnée dans un chapitre du *Chi-King*, contenait, avec plusieurs autres, tous les instruments qui forment ici ce gamelan goedjin. Et la musique aussi est chinoise ; le presque fabuleux Kouai, pourrait la reconnaître, car elle est dans le mode antique ; ce qui le prouve c'est que la gamme employée a sept notes, exactement comme la nôtre, et telle elle était dans l'ancienne musique chinoise ; la moderne a supprimé les deux demi-tons et n'a plus que cinq notes. Après l'introduction de l'Islamisme à Java, en 1405, la musique arabe essaya bien de supplanter la musique chinoise, mais elle ne put y parvenir. Les Javanais restèrent fidèles à l'antique tradition, que la Chine elle-même avait perdue.

Les exécutants, de jeunes hommes au teint brun, serrés dans des vêtements blancs, s'accroupissent auprès de leurs instruments, et le *Gamelan* commence.

Il est inutile d'essayer de le décrire, puisqu'il est noté ici, et rendu en perfection. M. Benedictus, qui, déjà en 1889, publia avec un si grand succès, le premier recueil des *Musiques Bizarres*, a réalisé ce tour de force, de saisir au vol l'insaisissable musique, qui n'est jamais écrite, de la fixer et d'en rendre à merveille le charme enveloppant, l'harmonie cristalline et comme mouillée.

Il faut faire remarquer seulement que cette musique, dont l'origine se perd dans le lointain des siècles, semble obéir à des lois strictes et compliquées ; chose des plus curieuses les entrées de thèmes se font d'après les règles de notre contrepoint ; la combinaison et la gradation des différents timbres, sont très délicates et très ingénieuses, l'effet produit est des plus harmonieux.

Le gamelan de cette année diffère comme composition de de celui de 1889. Moins nombreux, moins touffu, il est certainement d'un diapason plus clair, plus limpide, d'une harmonie plus douce et plus séduisante pour nos oreilles.

Dès les premières sonorités, les danseuses commencent à se mouvoir, avec des visages graves, des gestes lents et souples, les doigts écartés, des gestes d'incantations et de prières. Elles ressemblent étonnamment aux déesses à huit bras, assises sur des lotus épanouis. Elles dansent surtout des bras et l'on s'étonne vraiment, de ne leur en voir que deux. Leurs beaux costumes scintillent de pierreries ; leurs coiffures, qu'elles secouent de temps en temps par des mouvements de tête singuliers d'idoles qui s'animeraient, ont beaucoup de caractère, c'est souvent un casque d'or ajouré en forme d'oiseau, dont la longue queue, qui se retourne en avant, forme cimier.

Elles miment une scène d'amour, sévère et chaste : demande en mariage peut-être, ou cérémonie de noces. Impassibles, leurs longs cils palpitants sur leurs yeux baissés, qui parfois, s'ouvrent brusquement laissant échapper un éclair de passion, elles continuent leurs passes lentes et mystérieuses, sur ce rythme cristallin, cette mélodie qui échappe comme le dessin des ailes d'un papillon qui vole, que l'on suit pourtant sans se lasser et qui charme infiniment.

Puis sur une note traînée, tout se tait, tout cesse : c'est fini.

On éprouve une surprise, une vague tristesse ; le public ne se décide pas à s'en aller ; souvent même, il s'obstine, il reste, attendant que cela recommence.

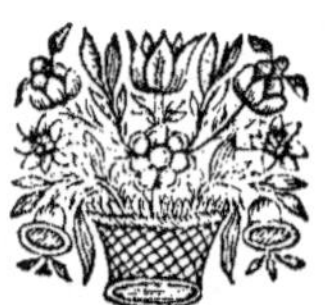

GAMELAN-GOEDJIN

(DANSE JAVANAISE)

Le caractère de ce morceau exige l'emploi
de la Pédale sourde durant toute sa durée,
même aux endroits marqués d'un *f*.

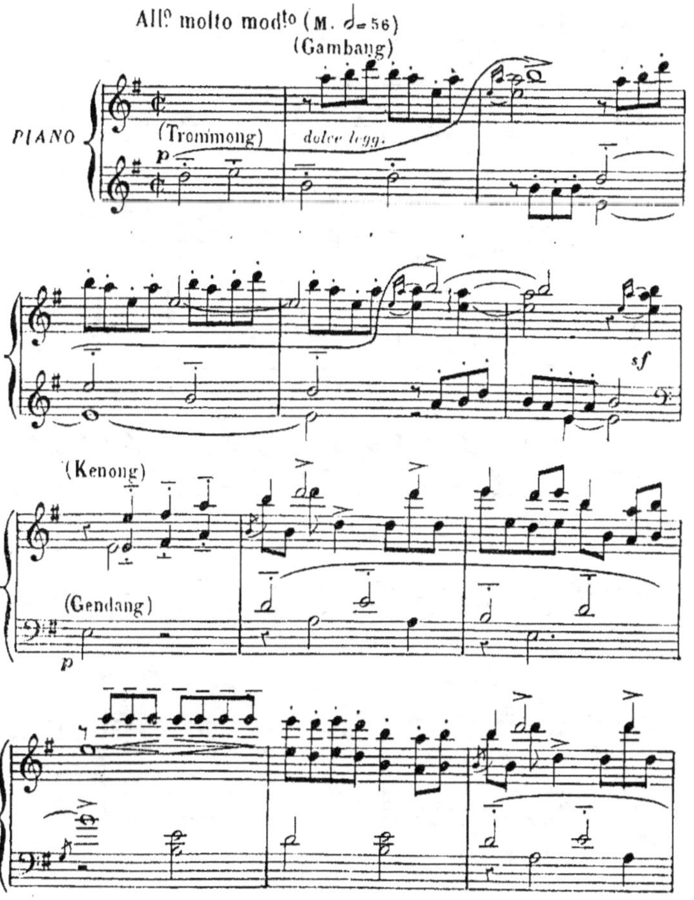

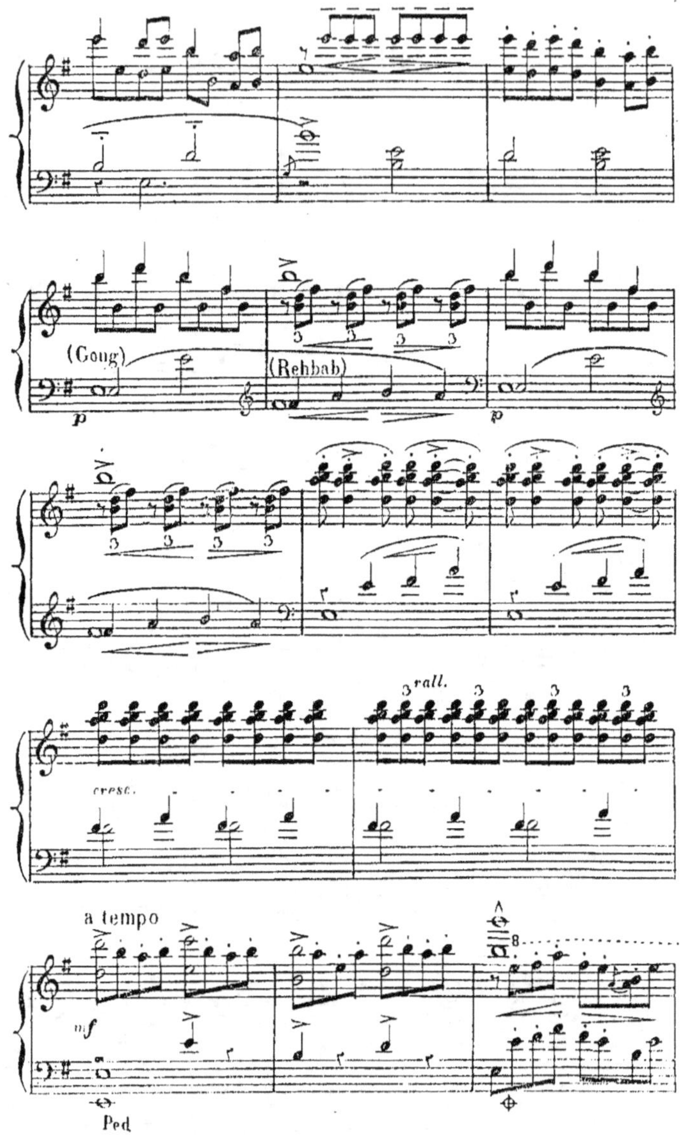
(Gong)
(Rehbab)
p
p
rall.
cresc.
a tempo
mf
Ped

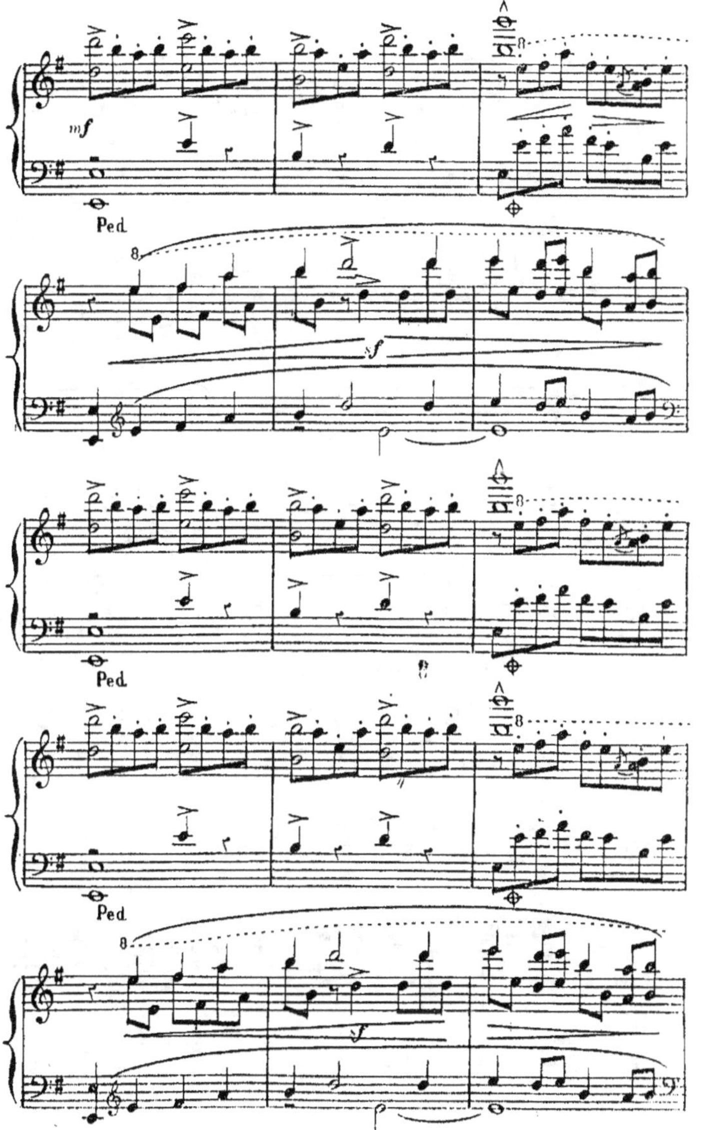
mf
Ped.
sf
Ped.
Ped.
sf

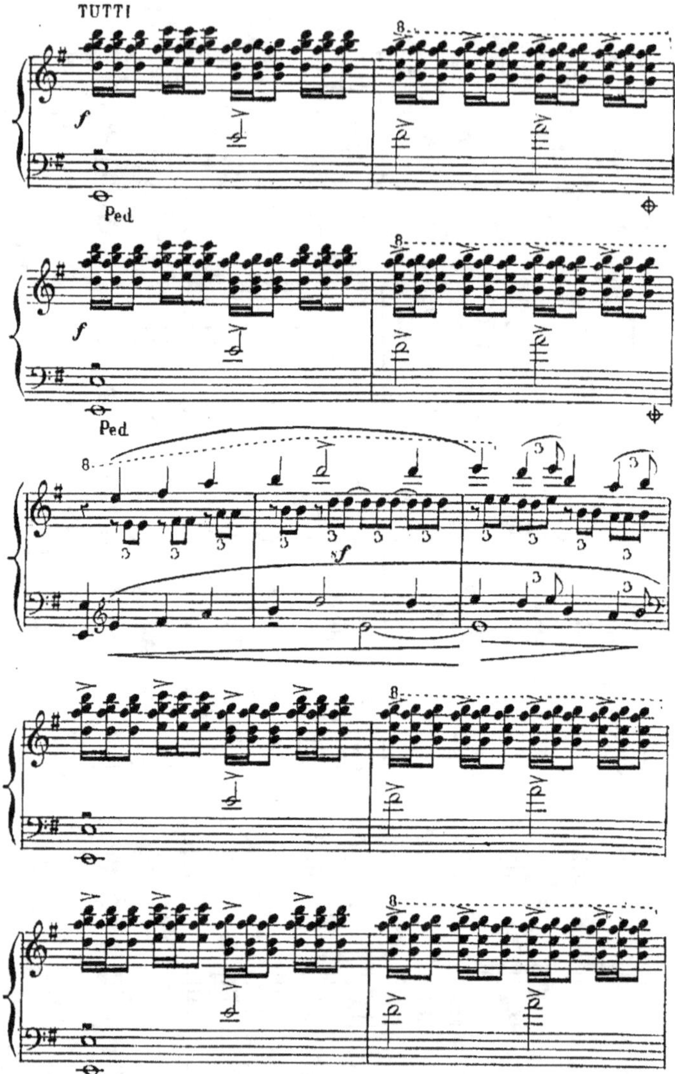

TUTTI
f
Ped
f
Ped
8
sf

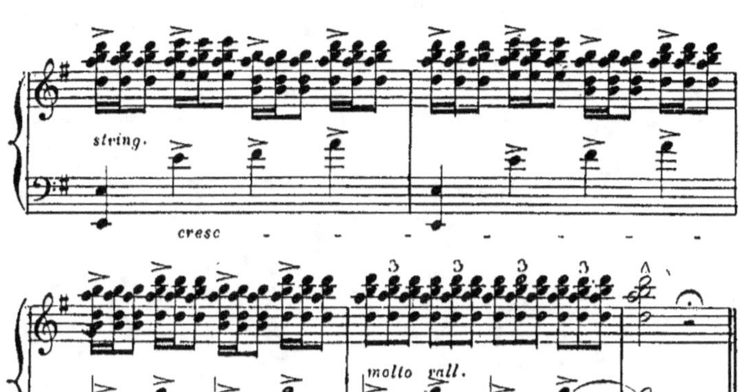
string.
cresc
molto rall.
sf

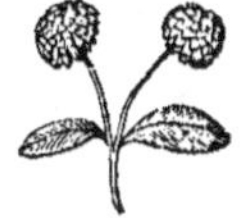

LA DANSE DU DIABLE

KOOMBAI YAKOUMA

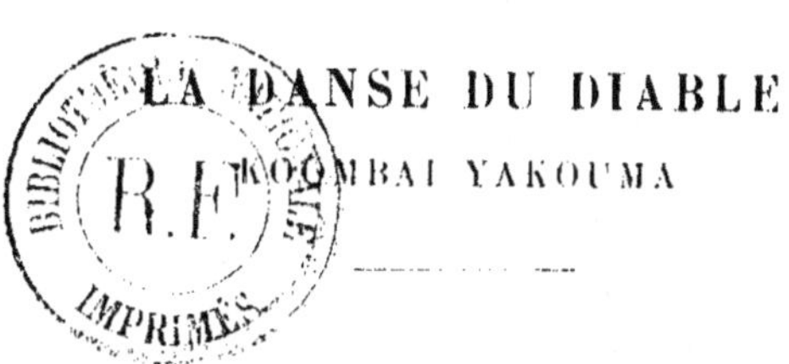

Pourquoi ces danseurs de Ceylan, costumés en guerriers,
chantent-ils, en dansant, au lieu du farouche chant de guerre,
que l'on croit deviner, une berceuse de nourrice?... on ne sait
pas... Mais c'est ainsi.

Le Danse du Diable est une légende, en plus de cent couplets,
qui se déroule autour d'un berceau, et se chante, en dansant, sur
une courte mélodie, toujours la même, accompagnée seulement
par deux tambours.

Elle est écrite en vers de six pieds, dans un idiome dérivé du
sanscrit, sur des feuilles de palmier; car, en dépit du temps, du
progrès, de la confusion des races, cela se fait encore : on
écrit les poèmes, comme au temps du Ramayana, sur des
feuilles d'arbres liées ensemble.

J'ai manié, non sans respect, le manuscrit, vénérable par tout
ce qu'il contient du passé, et un peu du grimoire s'est révélé.

Voici le sens général de la légende, et quelques-uns des
interminables couplets, avec, pour donner une idée de la langue
les premiers vers en cynghalais.

KOOMBAI YAKOUMA

Ou anna Koumarou
Ta anna boulan Dai
Kada Dio pala
Lala, lala sondai

"

Ou hida Véminé
Oto midi tadé.
Nam dayé Koumarou
la anna bima dai

I

Je te berce en cadence,
Dans ton léger berceau,
Mon fils, je te balance,
Comme un petit oiseau.

II

Suce un peu la mamelle,
Bois mon lait nourrissant.
A ta vie il se mêle,
Et fait fleurir mon sang.

III

Tu t'endors, petite âme !
Je veille auprès de toi ;
Et ma voix te proclame
Plus beau qu'un fils de roi.

IV

Aucun joyau du monde
N'a l'éclat de tes yeux,
Ni les perles de l'onde.
Ni les astres des cieux.
.   .   .   .

Mais cet orgueil maternel ne tarde pas à être cruellement puni.
Une bande de mauvais génies (des Rakhsasas) qui traversent
les airs, sont attirés auprès du berceau, par la voix triomphante
de l'heureuse mère.

* *

Puisque cet enfant est si admirable, ils le convoitent, pour le roi des diables, leur chef, qui justement désire un enfant.

* *

De leurs mains griffues ils empoignent le joli dormeur et l'emportent, malgré les cris de désespoir et l'épouvante de la mère, qui tombe comme morte.

* *

Revenue à elle, auprès du berceau vide, elle verse des flots de larmes, et se met à errer par le monde, pour retrouver son enfant.

* *

Après de nombreuses aventures, elle atteint des montagnes inconnues et aperçoit enfin son fils, au milieu d'une ronde de démons.

* *

Elle pleure, supplie, menace; mais les diables la chassent à grands coups, et devant leur colère effroyable, elle s'enfuit épouvantée.

* *

Alors, elle ameute toutes les mères, les appelle à son aide, et les héroïques mères, toutes leurs enfants dans les bras, la suivent, pour aller combattre les démons.

⁂

Quand ils sont en présence, c'est à qui hurlera le plus fort, trépignera le plus vite, les diables, pour faire fuir les mères, les mères, pour vaincre les diables.

⁂

Enfin, après une lutte très longue, l'amour maternel triomphe et le diable rend l'enfant.

Judith GAUTIER.

LA DANSE DU DIABLE

(KOHOMBAI YAKOUMA)

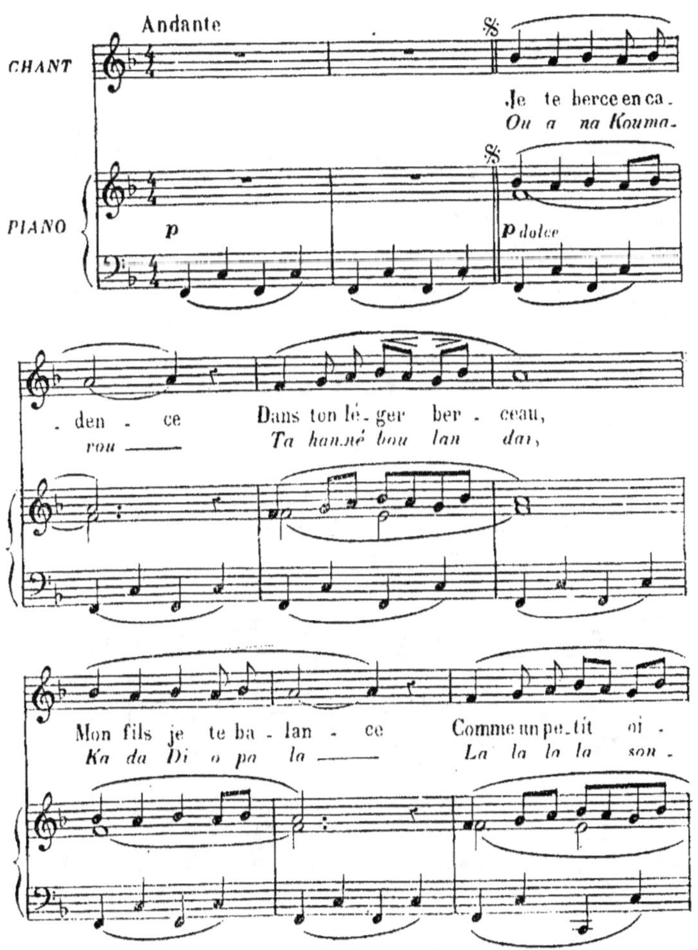

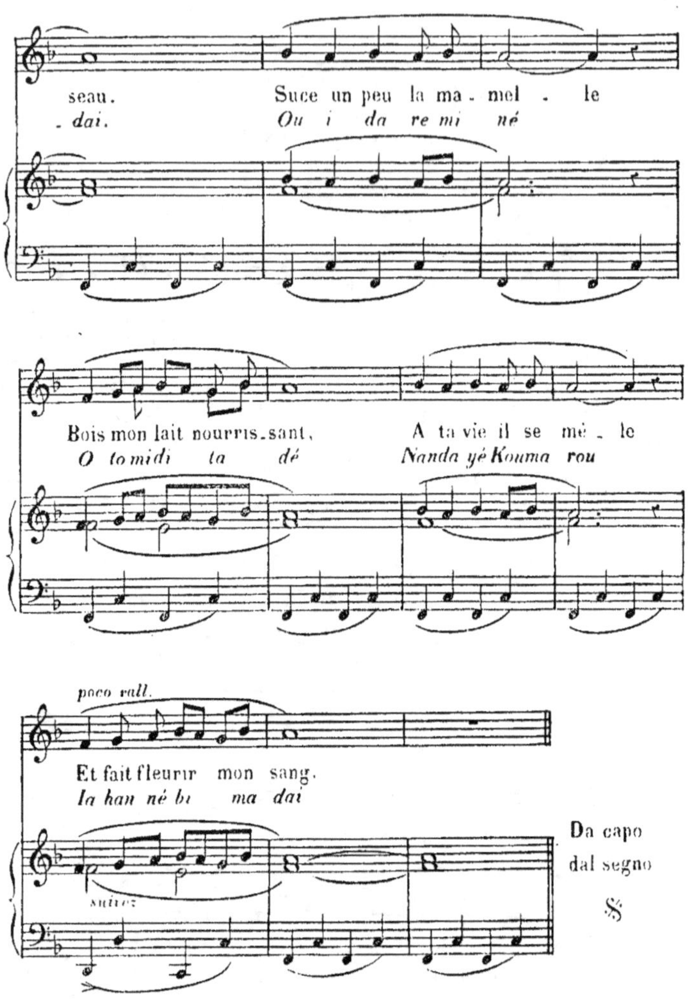

DEUXIÈME COUPLET

Tu t'endors, petite âme !   Aucun joyau du monde.
Je veille auprès de toi ;   N'a l'éclat de tes yeux.
Et ma voix te proclame   Ni les perles de l'onde,
Plus beau qu'un fils de roi.   Ni les astres des cieux.

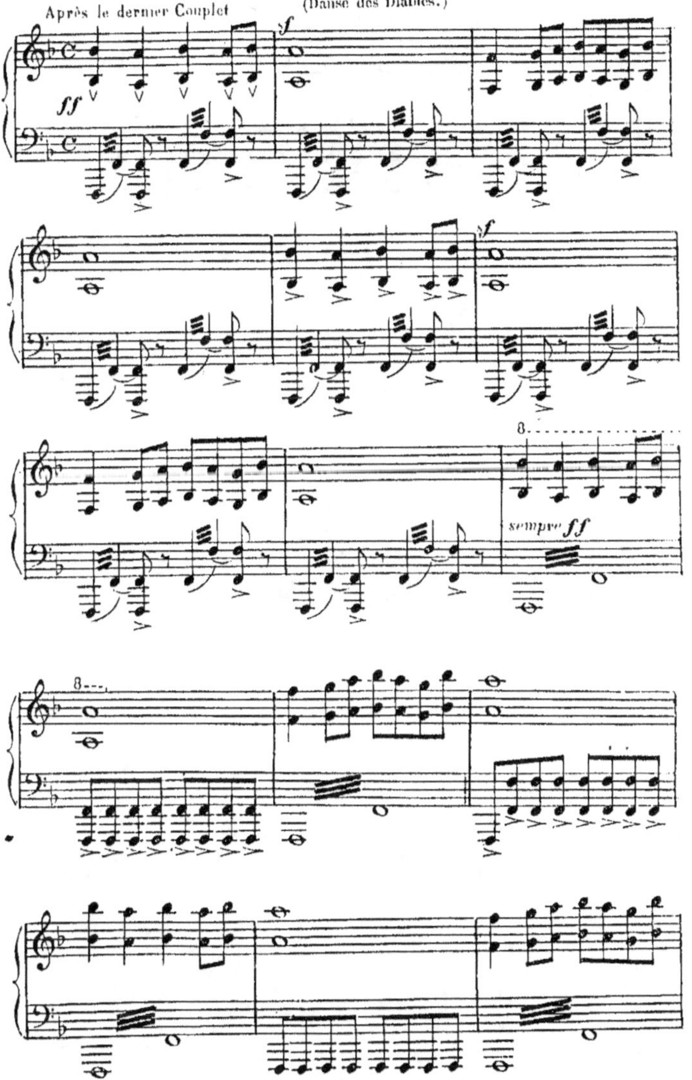

Après le dernier Couplet
(Danse des Diables.)
ff
f
sf
sf
8
sempre ff
8

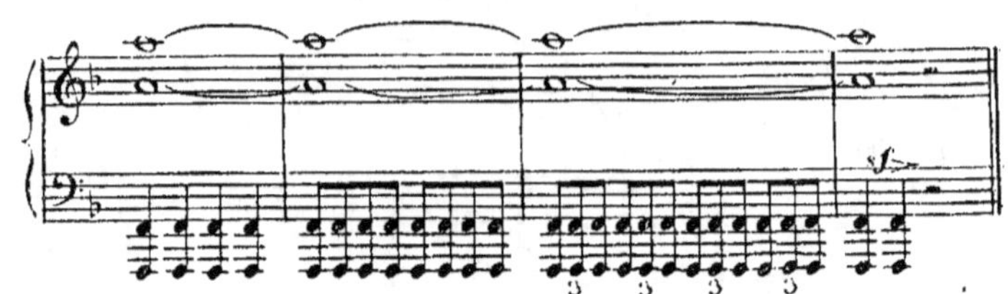

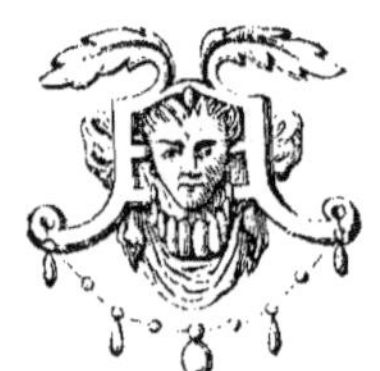

ÉVREUX, IMPRIMERIE DE CHARLES HÉRISSEY

Le
Théâtre Exotique

Au Panorama animé

Du TOUR du MONDE

DE

LOUIS DUMOULIN

✢ Danse Javanaise ✢

CHANT ET DANSE DE CEYLAN

GUECHAS JAPONAISES

Jongleurs Chinois et Hindous

Etc., etc.

Madame Cloître

CORSETS

18, Rue des Capucines

Palais de l'Égypte

GRAND THÉATRE

TROUPE DE 200 ARTISTES

Égyptiens, Soudanais, Abyssins, Syriens et Arabes

MUSIQUE, CHANTS

Danses de Pages, de Négresses, de **Ghaouasi,**
d'Odalisques, de Courtisanes

DUELS AU SABRE — MARIAGE ARABE

Scène de la vie d'ANTAR

le plus célèbre héros de l'Orient

⇒ Représentations tous les jours de 2 heures à 6 heures ⇐
et de 9 heures à 11 heures

LE THÉATRE CHINOIS
Au Trocadéro

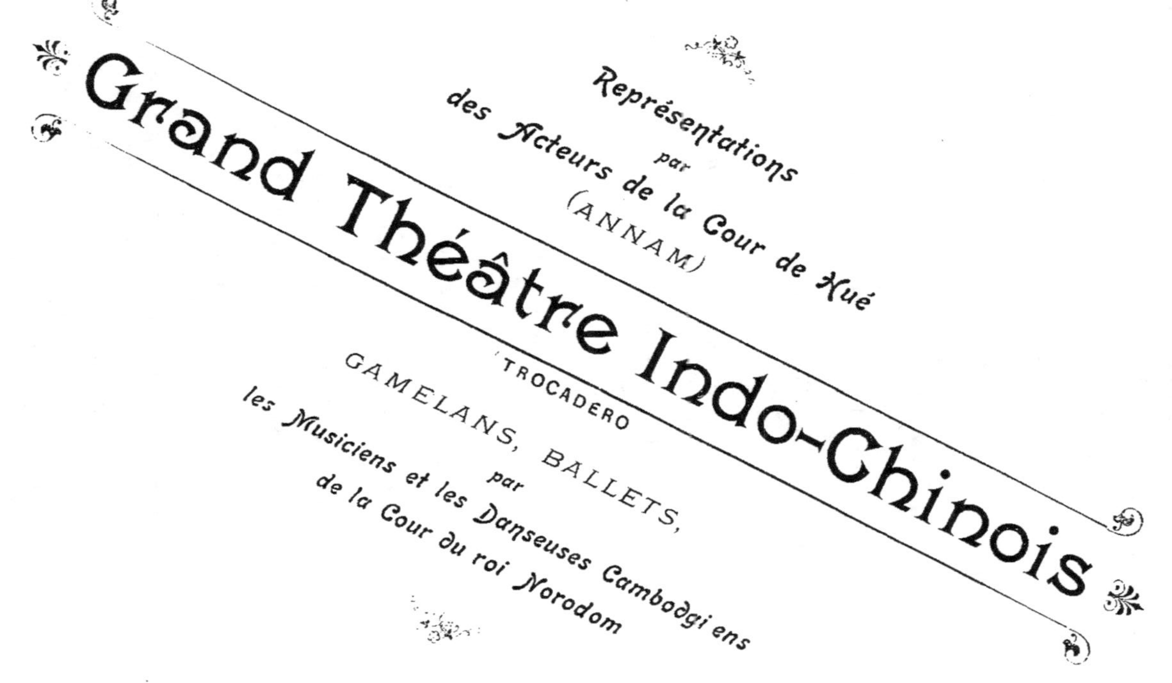

Représentations

par

des Acteurs de la Cour de Hué

(ANNAM)

Grand Théâtre Indo-Chinois

TROCADERO

GAMELANS, BALLETS,

par

les Musiciens et les Danseuses Cambodgiens

de la Cour du roi Norodom